Andreas Malessa

Jede Falte hart erlacht

Über den Autor

Andreas Malessa, Jahrgang 1955, seit 40 Jahren
verheiratet, Theologe und Hörfunkjournalist,
hat sich in jährlich rund 90 Vortragsveran-
staltungen und insgesamt rund 20 Büchern
den Ruf als scharfsinniger Beobachter
und wortgewandter Kommentator des
Menschlich-Allzumenschlichen erworben.

Andreas Malessa

Jede Falte hart erlacht

Humorgeschichten für die besten Jahre

Inhalt

„Von guten Mädchen wunderbar geborgen"

Von guten Mädchen wunderbar geborgen":
So erstrahlte es auf der Leinwand. Wörtlich. Breit und hoch zwischen Kanzel und Altartisch. Die erste Refrainzeile des berühmten Trostliedes von Dietrich Bonhoeffer „Von guten Mächten wunderbar geborgen". Die meisten Gottesdienstgäste lachten. Anderen entfuhr ein erschrockenes „Hä?" Aber weil die Orgel unverdrossen weiterspielte, musste auch die Gemeinde weitersingen: „… erwarten wir getrost, was kommen mag."

Wolf-Rüdiger drehte sich um. Hinter der letzten Stuhlreihe errötete gerade ein junger Mann.

Bedauernd kauernd hockte er da, irritiert in seinen Laptop hineinstaunend wie alle, die von ihren IT-Geräten Unerklärliches hinnehmen müssen.

„Konstantin, unser Jugendleiter", flüsterte Roswitha zu ihrem Mann hinüber, „ein ganz Lieber. So was passiert halt mal." Sie sang jetzt besonders laut weiter. Als könne ihre Stimme die peinliche Schrifttafel vergessen machen. Wolf-Rüdiger seufzte. Letzten Sonntag hatte die Gemeinde in der zweiten Strophe des Chorals „Wie groß ist des Allmächt'gen Güte" lesen und singen müssen: „Wer hat mit Langmut mich geleitet? Er, dessen Rad ich oft verwarf." Vor Wolf-Rüdigers geistigem Auge war ein Sperrmüllhaufen mit verworfenen Fahrrädern erschienen.

Bonhoeffers gute Mädchen waren zu Ende. Der Pastor bat die Gemeinde aufzustehen. „Da werden Texte schnell und schusselig in PowerPoint-Folien getippt von jungen Leuten, die kein Deutsch mehr können!", zischelte Wolf-Rüdiger grimmig. Der Pastor begann zu beten. Roswitha flüsterte

ein weiteres Entlastungsargument: „Die haben
halt Lesen und Schreiben gelernt, als drei Recht-
schreibreformen durch die Schulen tobten. Was
richtig war, wurde falsch. Dann wieder richtig,
dann flexibel schreibbar und dann gaben die
Deutschlehrer auf. Was erwartest du?!" Amen. Sie
setzten sich wieder.

„Aber selbst kleinste Rechtschreibfehler können
doch den Sinn verändern!", fauchte Wolf-Rüdiger
leise. Er dachte an den vorletzten Gottesdienst: Im
Lied „So ist Versöhnung / Wie ein Fest nach langer
Trauer" heißt es, Versöhnung sei wie ein „Ich-mag-
dich-trotzdem-Kuss". Die lyrische Umschreibung
einer charmanten Versöhnungsgeste zwischen
zwei Liebenden. Das hatte der gute Konstantin
offenbar nicht verstanden. Sonst hätte er das Wort
„trotzdem" zusammengeschrieben. So aber las
die singende Gemeinde: „Ich mag dich trotz dem
Kuss."

Muss wohl ein erzwungener Kuss mit Mundgeruch gewesen sein. Mindestens aber herbe Unkenntnis des Genitivs …

Da weiß man,
was man hatte

Erschreckend, wie wütend Wolf-Rüdiger werden konnte! Wenn frühmorgens sein „Tee-Aufguss-Ritual" ins Stocken geriet, weil die Teedose nicht genau da im Schrank stand, wo sie immer stand. Weil das Sieb verschwunden blieb und das Glas Kandiszucker leer war. „Aaarrrrggghhh!" – der Schrei, der bis zu Roswitha ins Badezimmer hinaufdrang, erinnerte sie an Donald Duck in den Comic-Geschichten ihrer Kindheit, wenn er richtig verzweifelt war.

Die beruhigende Wirkung gut geölter Abläufe im Haushalt kann ja innerhalb von Sekunden in flammenden Ärger umkippen, wenn der vertraute Rhythmus immer gleicher Handgriffe jäh unterbrochen wird. Die Forelle brutzelt im Bräter und der Pfannenheber liegt nicht in seiner angestammten Schublade?!

Da kann auch Roswitha sehr, sehr böse werden: „Welcher Idiot hat ...?!"

Sie wohnen zu zweit hier, es kommt immer nur der Partner in Frage.

Was Rituale wert sind, weiß man erst zu schätzen, wenn sie weg sind.

Ihr halbes Leben lang waren die beiden vom wummernden Dröhnen der mächtigen Glocken einer benachbarten Kirche geweckt worden. Seit die geschlossen und umgewidmet worden war, hatte sich Roswitha für 7.00 Uhr den Weckersound „Glockengeläut" aufs Handy geladen.

Apropos sieben: Täglich um 19.00 Uhr im ZDF die „heute"-Nachrichten zu gucken, war für Wolf-Rüdiger so selbstverständlich, dass er auch im Urlaub Punkt sieben den Fernseher einschaltete.

Egal, ob in Thailand oder Island. Ob es
Nachrichten gab oder nicht.

Dieser Wunsch nach sicheren Ritualen, nach dem
vertrauten Immergleichen, machte sie skeptisch,
wenn in ihrer experimentierfreudigen Gemeinde
öfters ein „besonderer", „mal ganz anderer",
„außergewöhnlicher" Gottesdienst angekündigt
wurde. „Wenn von 52 Gottesdiensten im Jahr
die Hälfte außergewöhnlich ist, ist das Außerge-
wöhnliche gewöhnlich, oder?", hatte Wolf-Rüdiger
gemeckert und komischerweise von jungen
Hipstern Zustimmung erhalten. Die fanden ja
auch nichts dabei, in ihren angeblich „kreativen"
Worship-Treffen immer dieselben fünf, sechs
Lobpreislieder endlos zu wiederholen.

„Es ist zum Katholischwerden", seufzte Roswitha.
Wolf-Rüdiger schien irritiert. „Bei denen läuft seit
2000 Jahren jeden Sonntag dasselbe Programm",
ergänzte sie. „Das heißt Liturgie. Nicht Programm",
korrigierte Wolf-Rüdiger. „Außerdem sollte man

Rituale nicht hirnlos abspulen, sondern sich was dabei denken!"

Er dachte an Roswithas Angewohnheit, nie aus dem Haus zu gehen, ohne den vollen Müllbeutel mitzunehmen und ihn draußen in der großen Gemeinschaftstonne zu versenken. Das machten eigentlich alle so in ihrer Straße. Ein umwelt-bewusstes, sinnvolles Ritual-beim-Rausgehen.

Ihr Nachbar Herbert, der Betriebsrat, hatte mal – in Eile auf dem Weg zu einer wichtigen Sitzung, schon völlig in Gedanken – seine Aktentasche in den Container geworfen, war mit der Mülltüte drei S-Bahn-Stationen weit zur Arbeit gefahren und hatte sie schwungvoll auf den Konferenztisch gestellt.

„Sind das Ihre Papiere?", fragte der Vorstands-vorsitzende und eröffnete das Meeting. Wie immer. Mit dem Gebimmel einer kleinen Tischglocke.

Es ist auf dem
Highway zu hell

Die aufgehende Sonne stand tief. Zu tief zum Autofahren, fand Wolf-Rüdiger. Eben noch hatte er den Eiskratzer unterm Fahrersitz vergeblich gesucht und dann mit der Kreditkarte die Frontscheibe von einer hartnäckigen Eisschicht befreit. Jetzt blies sein erschöpftes Schnaufen feuchte Atemluft ans Glas. Ein beschlagenes Fenster im grell blendenden Gegenlicht war die Folge.

„Ich seh nix!", sagte Wolf-Rüdiger achselzuckend. Er war aus dem Parkstreifen ausgeschert, jetzt stoppte er den Wagen.

„Mitten auf der Straße kannst du doch nicht halten!", wandte Roswitha ein. Hinter ihnen hupte es.

„Wo ist eigentlich meine Sonnenbrille?" Wolf-Rüdiger war morgengereizt, keine Frage. Im Verkehrsfunk dröhnte ein Hit von AC/DC. Genervt schaltete er auf einen anderen Sender um. „Blinded by the light", sang Bruce Springsteen dort. Wolf-Rüdiger knipste das Autoradio aus. Die Straße ging leicht bergauf und schnurgerade nach Osten. Die überfrorene Feuchtigkeit auf dem Asphalt glitzerte wie ein Sternenteppich und spiegelte das Sonnenlicht zusätzlich wider. Der Wartende hupte zum zweiten Mal.

Sie waren auf dem Weg zu einem Seminar für Gottesdienst- und Lobpreisleiter. Wolf-Rüdiger sollte die Morgenandacht halten.

Der Fahrer hinter ihnen überholte mit aufheulendem Motor und machte eine typische Handgeste. Wolf-Rüdiger murmelte einen

Kraftausdruck, den Roswitha im Rauschen des Warmluftgebläses überhörte, zum Glück. „Das sind dieselben Typen, die nachts ihr Fernlicht nicht abblenden, wenn Gegenverkehr kommt!", schimpfte sie. Ihr Mann nickte, gab vorsichtig Gas und zuckelte los. Sonnenblende vor der Stirn, Sonnenbrille auf der Nase.

„Pass auf! Da sind Kinder!" rief Roswitha. An der Fußgängerampel vor dem Haupteingang des städtischen Zoos querte eine Gruppe Knirpse den Zebrastreifen. Angeführt von ihren Lehrerinnen, immer zwei und zwei in braver Parade hintereinander. Jedes Kind trug eine knallgelbe Sicherheitsweste mit reflektierenden Streifen, wie man sie sonst nur von Straßenbauarbeitern kennt.

„Wie süß", entfuhr es Roswitha, „die werden ja gut gesehen!"

„Sie werden im Zoo aber nix sehen", maulte ihr Mann.

„Wieso nicht?"

„Tiere, die gut sehen können – und das sind fast
alle –, ergreifen die Flucht.

Wärst du eine Eule, würdest du deine lichtemp-
findlichen Augen zukneifen und im Astloch
verschwinden. Signalwesten! Im Zoo! Pah."

Als Wolf-Rüdiger mit zusammengekniffenen
Augen erahnte, dass die Ampel grün zeigte,
klingelte Roswithas Smartphone. Täglich um diese
Uhrzeit erschienen die Herrnhuter Losungen auf
dem Display.

„Wer unter dem Schirm des Höchsten wohnt und
im Schatten des Allmächtigen ruht ...", las sie laut
vor, „Psalm 91, Vers 1. Passt doch prima", lächelte
sie und schob ihre Sonnenbrille in die Haare,
„Schirm, Schatten, Ruhe ..."

Wolf-Rüdigers Stimmung hob das nicht. Seine Morgenandacht trug die Überschrift „Leben im Lichtglanz der Herrlichkeit."

Die Bibel neu entdecken

W o steht das mit der nächsten Liebe?"

„In der Bibel. Man betont es aber auf dem ersten Wortteil: *Nächsten*liebe!"

Wolf-Rüdiger rührte am Küchenherd eine Tüte Buchstabensuppe ins kochende Wasser. „Und wo", rief seine 13-jährige Nichte vom Esstisch herüber, „wo in der Bibel steht das? Bei Romeo und Julia oder bei Maria und Joseph?"

Melanie war zu Besuch. Ihr Onkel Wolf-Rüdiger wollte mit ihr heute mal nicht zu McDonald's gehen, sondern dem Kind was Frisches kochen.

Nur zu gern gab er der jungen Nichte
Auskunft über die Bibel. Wo sie doch nach den
Sommerferien in den Konfirmandenunterricht
kommen würde!

„Romeo und Julia stehen nicht in der Bibel",
korrigierte Wolf-Rüdiger und drehte die
Kochplatte auf schwächere Hitze. „Aber jede
Menge andere Liebesgeschichten. Abraham und
Sarah, Jakob und Rahel, David und Batseba …"
Noch während er es bereute, einer 13-Jährigen
den mörderischen Ehebruch des König David
als Lektüre empfohlen zu haben, ging Melanie
ins Wohnzimmer zum alphabetisch sortierten
Bücherregal und hob suchend den Kopf: „Bach-
Biografie, Backen mit Kindern, Baader-Meinhof-
Komplex, Bildband Bayern …"

„Die Bibel steht unter ‚H'!", rief ihr Onkel.
„H wie Heilige Schrift!"

Melanie fand Gottes Wort im Ledereinband, kam
zurück in die Küche und las das Inhaltsverzeichnis

vor: „Ezechiel Obadja Nahum Habakuk Zephanja Haggai Sacharia Maleachi. Hä? Hört sich ja an wie der Wutausbruch eines arabischen Flüchtlings", kicherte sie. Wolf-Rüdiger ignorierte die pubertäre Respektlosigkeit.

„Das mit der Nächstenliebe", begann er freundlich und trocknete sich die Hände ab. „Gib mal her, das steht …"

Er blätterte und blätterte, fand es aber nicht. Das zentrale, fundamentale Doppelgebot der Liebe. Bei den Zehn Geboten in Exodus 20? In der Bergpredigt, Matthäus 5? Oder in den Gleichnissen Jesu, Lukas 8?

„Liest du sie oft? Die Bibel, meine ich?" Melanie zog den Topf von der Herdplatte, bevor die grün schäumende Tütensuppe überlaufen konnte.

„Eigentlich schon, aber nicht die Dicke hier. Wir lesen morgens die Losungen."

„Wieso, habt ihr Hasen im Garten?" Das Teenagermädchen blickte suchend durchs Küchenfenster nach draußen.

„Nein. Losungen sind ausgewählte Bibelverse für jeden Tag. Nur Förster nennen Hasenköttel Losung."

„Hast du's endlich? Das mit der nächsten Liebe, meine ich."

Melanie holte zwei tiefe Teller aus dem Schrank, nahm die Suppenkelle und schöpfte auf. „Die Schöpfung zum Beispiel", fiel Wolf-Rüdiger dabei ein, „gibt's auch zwei Mal: in Genesis 1 und in Genesis 2, ab Vers 4." Noch immer hatte der bibelfeste Onkel nicht gefunden, wonach er eigentlich suchte.

„Da steht die Geschichte von Adam und Eva, stimmt's?", fragte Melanie mit vollem Mund. „Meinst du, die waren verliebt?"

„Na klar. Warum nicht!" – „Weil Eva den einzigen nehmen musste, der da war. Fänd' ich extrem uncool."

Endlich. Mit rechts löffelnd, mit links blätternd, hatte Wolf-Rüdiger etliche Seiten der Heiligen Schrift mit Suppenspritzern beträufelt, bis er triumphierend vorlesen konnte: „Hier, Markus 12, Vers 31: Du sollst Gott den Herrn von ganzem Herzen lieben, aus ganzer Seele, mit all deinem Denken und all deiner Kraft und deinen Nächsten wie dich selbst!"

„Deinen Nächsten, nur einen, Singular?" Melanies Rückfrage verwirrte ihren Onkel. „Ja. Warum fragst Du?"

Sie wurde rot und musste sich um eine feste Stimme bemühen: „Ich dachte, da steht mal was zu dem Problem …", jetzt kämpfte sie mit den Tränen, „wenn man sich in einen Jungen verliebt hat, aber mit dem anderen noch nicht Schluss ist."

Nicht echt jetzt.
Mehr so ironisch

Auf das Thema gekommen waren sie durch Meiers. An 361 Tagen im Jahr sind das grundsolide, biedere Leute aus ihrer Gemeinde. Sie leitet und erleidet den Chor, er ist Beamter bei der Stadtverwaltung: „Zuständig für Grünflächen und Friedhöfe", hatte er mal grinsend erklärt, „also Liegenschaften im Liegen erschaffen". Wolf-Rüdiger und Roswitha mögen die beiden. Eigentlich.

An vier Tagen im Jahr jedoch sind Meiers Jecken. Echte, aktive Karnevalisten.

Sie verwandelt sich mit Hilfe einer professionellen Maskenbildnerin in Shrek, das grüne Stielohrenmonster aus dem Kino, und er ging voriges Jahr als Donald Trump. „Meine Frisur hieß *plattgefahrener Goldhamster*", lachte Herr Meier.

Anfänglich argwöhnte Roswitha noch, Meiers würden zwischen Weiberfastnacht und Rosenmontag „die Sau rauslassen", sich besaufen, zotige sexistische Witze raushauen oder gar Ehebruch begehen. Wolf-Rüdiger vermutete düster: „Vielleicht sind geborene Kölner in Wirklichkeit immer Jecken. Sie tun nur so, als seien sie ansonsten brav und vernünftig." Aber dann meinte Frau Meier nach dem Gottesdienst beiläufig plaudernd, es sei doch schön, „nicht dauernd authentisch sein zu müssen, sondern sich mal spaßeshalber neu zu erfinden. Und so zu tun, als ob."

„Als ob was?", hatte Wolf-Rüdiger gefragt, aber keine Antwort bekommen.

So kamen sie drauf. Auf das Thema Authentizität. Die natürlich gut ist und richtig und wichtig. Ohne

Echtheit kein Vertrauen. Ohne Vertrauen keine Beziehung. Ohne Beziehung kein Leben. Schon klar. „Leget die Lüge ab und redet die Wahrheit", wusste Roswitha sogar aus Epheser 4, Vers 25.

Sie meinte aber auch zu wissen, was Frau Meier meinte. Solche Sätze kannte sie nämlich vom Friseur: „Als ob man noch mal 20 wär!"; „Als ob Sie grade aus Hollywood kämen!" Dabei kam Roswitha nur vom Friseur an der Ecke. Und hatte jetzt das, was er „freche Strähnchen" nannte. Oder „flotte Wuscheln" oder „neue Frische".

„Bin ich frech, flott und frisch?", fragte Roswitha ihren Mann.
„Nee. Aber du wärst es gerne und deshalb tust du so, als ob."
Wolf-Rüdiger sagte es lächelnd und liebevoll. Kein bisschen frech.

Sein Kollege in der Firma beteuerte neulich, er habe „sich ganz neu erfunden", seit er geschieden sei und eine neue Frau liebe. „Schön. Bloß 50 %

jeder neuen Liebe werden alt sein, solange du wieder dabei bist", hatte ein Freund sarkastisch erwidert.

„Niemand kann aus seiner Haut heraus", seufzte Roswitha, „obwohl ich manchmal aus der Haut fahren könnte. Aber …" Plötzlich fiel ihr ein, wann und wo auch Wolf-Rüdiger mal völlig unauthentisch war und nur so tat, als ob:

„Erinnere dich doch mal an die Hochzeit neulich, wo du auf die Tanzfläche gezwungen wurdest."

„Die Höchststrafe", nickte Wolf-Rüdiger grimmig.

„Du kannst nicht tanzen, du magst nicht tanzen, musstest aber so tun, als ob."

„Ich habe ironisch getanzt, Schatz, nur ironisch."

Anhängliche Angehörige

Gibt es pink leuchtende Glühwürmchen?",
fragte sich Wolf-Rüdiger und blinzelte ins
frühmorgendliche Dunkel des Stadtparks. Da –
ein zweites Licht bewegte sich dicht über dem
Boden hin und her, umspielte das erste. „Die
Klimaerwärmung bringt ganz neue Insekten zu
uns", vermutete er, da schwebten die rosa Ufos
schon auf seine Parkbank zu. Jetzt erst sah er: Es
waren zwei junge Foxterrier. Mit „Leuchtis" am
Halsband, mit Verkehrslichtern sozusagen. Ihr
weißes Glatthaarfell mit großen schwarzen Flecken
erinnerte Wolf-Rüdiger an Kühe. Bonsai-Kühe,
dachte er. Eine Dame im Jogginganzug trat
aus dem Gebüsch hervor und rief: „Kommst
du, Schnucki?" Wolf-Rüdiger konnte nicht

gemeint sein. „Und du auch, Schnurri!" Das Trio verschwand im Halbdunkel.

Wenn Wolf-Rüdiger schlecht schlief und früh aufwachte, dann störte er Langschläferin Roswitha nicht lange, sondern schlüpfte ungeduscht aus dem Haus. Im Stadtpark gegenüber einfach still sein, beten, Sonnenaufgang gucken – herrlich! Wären da nicht die Gassigeher auf ihrer Hunderunde gewesen. Die Leute mit den angeleinten Angehörigen.

„Riechen ist für Hunde so wie für uns das Zeitunglesen", rief eine Dame schon von weitem. Ihr niedriger, strubbeliger weißer Malteser schnüffelte und schnaufte emsig die Wegrandbepflanzung entlang. Der helle Wischmopp hob sein fast unsichtbar kurzes Bein und pinkelte an die Parkbank. „Er schreibt grade einen Leserbrief", lachte die Frau. Da! Jetzt kackte das niedliche kleine Wesen auch noch mitten auf den Gehweg! Wolf-Rüdiger traute seinen Augen nicht: Frauchen zog einen Plastikhandschuh über ihre rechte Hand, hob das Ausscheidungsergebnis vom Boden auf, steckte es in einen verschließbaren Gefrierbeutel und versenkte es in ihrer Handtasche! „Was trägt die Frau von Welt stets bei sich?", dachte Wolf-Rüdiger im Stillen. „Bargeld, Lippenstift und …"

Die Dame setzte sich neben ihn. „Das ist schon mein dritter …", schnaufte sie.
„… Hundehaufen heute Morgen?", staunte er.
„Nein, Hund. Mein dritter kleiner Hund. Schauen Sie: Meine Kinder sind aus dem Haus, mein Mann war alkoholkrank, ich wurde mit Anfang Fünfzig verlassen. Da ist so ein süßes Wuschelchen …"

„…wie ein niedlich bleibendes Kind, das dich immer braucht", dachte Wolf-Rüdiger. „Eine unkomplizierte Liebe an der Leine."
Er schwieg wohlweislich.

Kurze gellende Schreie schreckten sie auf. Ein heiseres Röcheln und Keifen. Der kleine weiße Malteser sprang jaulend auf Frauchens Schoß. Aus dem Unterholz schoss ein fast hüfthoher Labrador, aggressiv bellend wie der Hund von Baskerville. Mit einem blitzschnellen Satz sprang Wolf-Rüdiger mit beiden Füßen auf die Parkbank. Im selben Moment zog ein Rennradler zügig an ihnen vorbei, pfiff kurz und scharf – das haarige Untier jagte seinem Herrchen hinterher. Schlagartig war der Spuk vorüber.

Wolf-Rüdiger, erhöht stehend und mit rasendem Puls, kam sich vor wie ein Depp. Seine Sitznachbarin erhob sich zum Gehen, ihren verängstigten Hund unterm Arm. „Schön' Sonntag noch", sagte sie tonlos. „Wir gehen heute in den Gottesdienst."

„Wir?", überlegte Wolf-Rüdiger und setzte sich wieder hin. „Vielleicht bieten die Kirchen statt Kindergottesdiensten ja auch Hundebetreuung an?"

„Und ob ich schon wanderte im Digital …"

Fürchte ich kein Unglück." Upps, was betete sie denn da?! Roswitha stand in der Bankreihe zwischen ihrem Mann und ihrem erwachsenen Sohn. Die Gemeinde rezitierte Psalm 23 als Schlussgebet des Gottesdienstes. Johannes, 29 Jahre jung, hatte während der Predigt unablässig WhatsApp-Nachrichten auf seinem Smartphone gelesen und geschrieben. Roswitha hatte oft hingucken müssen, und vielleicht war sie deshalb jetzt so unkonzentriert.

„Du bereitest vor mir einen Tisch …", murmelte sie mit allen zusammen, blickte aber nicht nach vorne auf die Powerpoint-Texttafel an der Leinwand, sondern seitlich nach unten auf das hell leuchtende Display ihres Sohnes. Der bereitete auch gerade einen Tisch vor, jedenfalls scrollte er Restaurant-Homepages rauf und runter.

„… im Angesicht meiner Feinde", sagte Roswitha jetzt und betonte es so akzentuiert, dass sich ihr Mann irritiert zu ihr wandte. „Johannes nervt", flüsterte sie und verdrehte die Augen. „Du salbest mein Haupt mit Öl und schenkest mir voll ein", sprachen beide feierlich. Wolf-Rüdiger nahm sich vor, seinem Sohn kräftig einzuschenken. Benehmen, Smartphone-Hörigkeit, störendes Handysummen im Gottesdienst, so Sachen halt.

„Eure Internetsucht …", fing er an, als er im Foyer des Gemeindehauses mit einer Kaffeetasse seinem Sohn gegenüberstand, „also eure Smartphone-Tipperei ist eine Sucht, die …"

„Papa!", unterbrach ihn Johannes, „ich wollte mich mit Linda zum Essen verabreden, na und? Hier, kannste ruhig alles lesen." Er hielt seinem Vater den Chatverlauf hin. Wolf-Rüdiger las und scrollte mit offenem Mund: „Zwölf?" „Mal sehen." „Wo?" „Weiß nicht." „Oder lieber später?" „Na ja, halb eins." „Bei Osteria Milanese?" „Och nö, zu teuer." „Ich sitz im Gottesdienst." „Lol. Ich bei Mama." „Melde mich später." „Gut. Bis dann. Yolo."

Dafür hat dieser Schlaks die ganze wunderbare Predigt überhört?! Und ein liturgisches Psalmgebet verpasst?! Wolf-Rüdigers Gesicht schien von schweren Gewitterwolken überschattet. Johannes wollte den möglichen Gefühlsausbruch vorbeugend beschwichtigen: „,Lol' heißt ,laugh out loud, ich lach mich kaputt'. Und ,yolo' …" Zu spät:

„Ich – weiß – was – Yolo – heißt!" Sein Vater antwortete viel zu laut für ein Foyer voller kaffee- trinkender Christen um die 50. „You only live once. Man lebt nur einmal. Und genau deshalb solltet ihr lernen, jeden Moment als einmalig zu genießen; ihr solltet da sein, wo ihr tatsächlich seid; ihr solltet mit wachen Sinnen die reale Welt um euch her …"

Seine Moralpredigt wurde vom typischen WhatsApp-Klingelton unterbrochen. Johannes strahlte. „Halb eins. Bei Paolo! 'Tschuldigung, Papa, aber ich muss los."

Roswitha plauderte lang und ausgiebig mit all ihren Freundinnen und Bekannten, mit alten und neuen Gästen der Gemeinde, mit dem Pastor, dem Organisten, dem Hausmeister. Wolf-Rüdiger stand daneben und wartete. Klapperte auffordernd mit dem Autoschlüssel, seufzte hörbar, sagte mehrmals „So, dann …" – alles vergeblich. Plötzlich kam ihm eine Idee.

„Halb eins. Bei uns zu Hause. Yolo!", appte er seiner Frau aufs Handy.

Es half sofort.

Trauern und träumen

Im Kino geben sie jetzt 10 % Rabatt für alle Traurigen."

Was Wolf-Rüdiger da vom Display seines kleinen alten Smartphones vorlas, erstaunte seine Frau doch sehr. „Wie bitte? Wer mit verheulten Augen an die Kinokasse kommt, kriegt Ermäßigung? Glaub ich nicht. Gib mal her."

Sie nahm ihrem Mann das Gerät aus der Hand. Über dem Kinoprogramm poppte das Banner eines Juweliergeschäfts auf. Roswitha lachte. „10 % auf alle Trauringe! Ringe, verstehst du? Es ist die Werbung eines Goldschmieds. Für junge Paare, die in Liebesfilme gehen."

„Aber ,Herr der Ringe' läuft doch schon seit Jahren nicht mehr", brummte Wolf-Rüdiger. Sie seufzte. „Schlecht sehen kannst du gut. Aber gut hören kannst du schlecht."

Dabei waren sie in der Tat traurig und sehnten sich nach ein bisschen echter Ermäßigung. Kummer-Ermäßigung. Stress-Ermäßigung. Nicht, weil Opa Jens mit seinen 93 Jahren gestorben wäre. Sondern weil er lieber gestorben wäre, als dauernd hin und her geschoben zu werden. Seit Jahren schon. Ein paar Monate zu Hause, ein paar Wochen im Heim, ein paar Tage Intensivstation im Krankenhaus. Und dann das Ganze von vorn. „Das Karussell beschleunigt grade auf Pflegestufe 3", hatte Opa Jens in seinem unverwüstlich derben Humor mal gesagt. „Es ist ein Trauerspiel. Dabei würd' ich lieber heimgehen als wieder ins Heim gehen."

Wolf-Rüdiger hatte damals aus tränentrüben Augen zu Boden geblickt, als müsse er nochmal seine Füße durchzählen. Trauern und bedauern war ihm peinlich. Und dass es das war, war wiederum seiner Frau Roswitha peinlich.

Trost fanden alle drei in dem, was Opa Jens trotz aller Einschränkungen noch immer genießen konnte: gutes, deftiges, fettes Essen. Ruhig auch auf dem Bett-Tablett, aber mit Kristallgläsern bitte. Die letzten Pfifferlinge des Sommers und die ersten Steinpilze des Herbstes an Lammkeule zum Beispiel. Mit Rosmarin, Thymian, Salbei und Gewürznelken, abgelöscht mit Himbeer-Essig. Während dieser trostvollen kleinen Lust-Oasen des Pflegealltags empfand Wolf-Rüdiger klammheimlich Schadenfreude, wenn sich seine vegetarisch-veganen Kinder wunderten, warum jemand so alt wird, der sich zeitlebens so ungesund ernährte.

Roswitha wiederum wunderte sich nicht, warum sie nach solchen gepfefferten Trostportionen schlecht schlief und wild träumte.

„Du glaubst nicht, was ich im Traum …", stammelte sie beim Aufwachen.

„Erzähl schnell, bevor du ihn vergisst!", ermunterte sie ihr Mann.

„Wir standen auf einer Beerdigung ums offene Grab herum, und unsere Kinder hatten Coffee-to-go-Becher in der Hand."

„Pietätlos. Ungehörig."

„Und so wie bei einer Hochzeit die Braut den Brautstrauß hinter sich wirft und der Strauß von derjenigen Freundin aufgefangen wird, die als nächstes heiratet …"

„Ja, kennt man. Weiter?"

„… so hab ich einen Kranz mit Beileidsschleife vom Grab gehoben und ihn weit hinter mich geworfen!"

Roswitha prustete los und schüttelte den Kopf.
Wolf-Rüdiger war plötzlich todernst: „Und? Wer
hat ihn aufgefangen?"

In der Welt (der Ernährung)
habt ihr Angst, aber ...

Roswitha hatte gebacken. Und alle vier Kuchen waren gut gelungen, fand sie. Kirsch-Sahne-Mandelstreusel, ihr sogenannter „Feuerwehr-kuchen"; dann Birne-Schmand mit Mokkabohnen drauf und einem Schuss Obstler drin; schließlich gedeckter Apfel auf Mürbeteig sowie ein Marmorkuchen. Alle auf Kristallglasplatten und dreistöckigen Etageren appetitlich angerichtet. Für den überregionalen „Frauen-Verwöhn-Sonntag" im Gemeindehaus. Die Gastreferentin hatte morgens über das Jesuswort aus Johannes 16, Vers 33 gepredigt: „In der Welt habt ihr Angst, aber seid getrost, ich habe die Welt überwunden."

Wolf-Rüdiger hatte *sich* überwunden und nach
dem Gottesdienst Unmengen Kartoffelsalat
und Würstchen herbeigeschafft. Jetzt, zur
Kaffeepause, war er aber plötzlich unauffindbar.
Schade. Roswitha hätte ihren Mann gerne dabei
gehabt, wenn sie, nun ja, Lob und Anerkennung
bekommen würde. Dankbare Wertschätzung von
verwöhnten christlichen Frauen.

„Lactosefrei?" Die junge Mutter mit dem Baby
in der rechten Armbeuge deutete auf das Stück
Kirsch-Sahne. „Garantieren Sie das? Lactosefrei?"

Bevor Roswitha Nein sagen konnte, schaltete sich
ein Mädchen mit Strickmütze ein: „Vergiss es!
Denk an deine Haselnuss-Allergie!"

„Das sind keine Haselnüsse, das sind Mandel-
streusel", wollte Roswitha beschwichtigen, aber
da hob schon eine zweite Frau ihren Teller mit
Apfelkuchen ganz dicht unter die Nase und
verzog das Gesicht. „Da ist Gluten drin! Wetten?
Gluten!" Als könne man das riechen. Sie stellte

den Teller ab und schnüffelte vornübergebeugt am Birne-Schmand-Kuchen. Ihre Haare hingen bis aufs Tablett. „Alkohol, stimmt's?" Sie richtete sich wieder auf und sah Roswitha an. „Ich glaub's ja nicht ! Ich glau-be-es-ja-nicht. Schnaps! Und das bei so vielen Kindern hier."

„Entschuldigung!" Von hinten drängte jemand ans Kuchenbuffett: „Die Gelatine auf dem Obstkuchen, die ist aus Schweineknochen, oder?"
Roswitha drehte sich um. Eine Muslima mit Kopftuch? Nein, eine spindeldürre junge Frau. Auf ihrem roten T-Shirt stand „Yes, ve gan".

„Warum fragen Sie ?", Roswitha wollte nicht patzig klingen.
„Weil *für mich* keine Tiere sterben müssen!!" Die Veganerin klang patzig.

„Aber wenn sie nachher mit 120 km/h nach Hause fährt, zerplatzen unzählige Insekten an ihrer Windschutzscheibe." Wolf-Rüdiger war plötzlich wieder da. Er umfasste Roswithas Taille, und seine warme, tiefe Männerstimme dicht an ihrem Ohr tat ihr plötzlich unendlich gut.

„Heute Mittag", fuhr er tröstend fort, „ging's darum, ob die Würstchen garantiert BSE-frei sind, ob man statt Senf auch Brennesselstärke haben könnte und statt Cola pürierten Gemüsesaft. Ich hab draußen erst mal eine geraucht, um nicht zu explodieren."

„Angst macht aggressiv, glaub ich", seufzte Roswitha. „Aber von dem, was die hier übriglassen, machen wir uns eine Woche lang Verwöhntage." Sie lächelte. Und küsste Wolf-Rüdiger auf den Mund. Garantiert glutenfrei.

Mehr Platz, mehr Zeit und mehr Geduld

F asst euch in Geduld", hatte Roswitha morgens im Lukasevangelium gelesen. Kapitel 21, Vers 19. „Haltet durch und bleibt standhaft", hieß das in anderen Übersetzungen. Das fiel ihr nicht leicht, seit ein penetranter hoher Dauerton im Ohr sie nervös und gereizt machte.

Es ärgerte sie zum Beispiel, dass die Gemeinschaftspraxis mehrerer Ärzte mitten in der autofreien Altstadt lag. Nur zu Fuß erreichbar. Heute bei strömendem Regen. Es gab ein Parkhaus, nun gut. Dreistöckig unterirdisch, mit diagonalen Einstellplätzen. „Sehr eng", fürchtete Roswitha. Sie mochte keine Tiefgaragen. „Frauen finden alle Parkhäuser dieser Welt zu eng", brummte Wolf-Rüdiger, „Frauen können aber besser einparken, je älter sie werden. Weil sie immer schlechter hören." Er grinste.

Roswitha fand das nicht lustig. Trotzdem war sie dankbar, dass ihr Mann am Steuer saß. Geplagt von ihrem Tinnitus hatte sie sich schon über den Anrufbeantworter der HNO-Ärztin aufgeregt. „Bitte sprechen Sie *nach* dem Pfeifton!" Ja, dankeschön.

„Da wird was frei!"

An einem Kleinwagen schräg vor ihnen blitzten die Blinklichter auf. Wolf-Rüdiger stoppte. Näherte sich jemand mit dem Funkschlüssel, stieg ein, setzte zurück und gab den Stellplatz frei? Nein.

Eine – nun, sagen wir – füllige Dame in hellgrauem Poncho erreichte den Nissan Micra und begann, in ihrer Handtasche zu nesteln. Wolf-Rüdiger blinkte, um seine Absicht anzuzeigen, diese Parkbucht zu übernehmen. Hinter ihnen hielt ein riesiger 7er BMW. Die Frau am Kleinwagen öffnete jetzt die Heckklappe.

„Geduld, gleich fährt sie raus", raunte Roswitha. Nein, die Frau faltete einen Regenschirm auf Knirps-Größe und legte ihn behutsam in den Kofferraum.
„Ich werde wahnsinnig", stöhnte Wolf-Rüdiger.

Der bullige Bayer hinter ihnen ließ das Fernlicht aufblitzen. Eine unmissverständliche Aufforderung weiterzufahren.

„Wann bist du dran beim Ohrenarzt?", fragte Wolf-Rüdiger. „Vor zehn Minuten wäre ich dran gewesen", sagte Roswitha, wollte aber keinen Druck machen.
„Na endlich!", rief ihr Mann. Die korpulente Dame öffnete die Fahrertür. Was nicht ganz klappte, weil ein breiter SUV links neben ihr stand.

„Es ist zu eng hier", schüttelte Roswitha den Kopf. „Sie ist zu dick", entgegnete Wolf-Rüdiger. Hinter ihnen hupte es. Wolf-Rüdiger drehte sich um und sagte ein Wort, das man nicht gedruckt lesen möchte.

Hinter dem Hupenden warteten inzwischen zwei weitere Wagen.

„Der schöne helle Poncho!", seufzte Roswitha bedauernd. Die Dame schräg vor ihnen wischte gerade die Fahrerseite ihres Kleinwagens mit der Kleidung ab, bevor sie sich hinters Steuer zwängte. „Immerhin ist sie drin", murmelte Wolf-Rüdiger. Leuchteten jetzt die weißen Lichter des Rückwärtsgangs auf? Fuhr sie endlich los? Nein.

Wolf-Rüdiger stieß noch ein nicht zitierfähiges Wort hervor, ließ den Motor aufheulen und fuhr weiter.

Als sich Roswitha, zehn Minuten zu spät und durchnässt vom Marsch durch die Fußgängerzone, an der Rezeption des Ärztehauses zur HNO-Unter-suchung anmeldete, traf sie der Schlag: „Ach, das tut uns aber leid. Weil Sie nicht kamen, ist Frau Doktor kurz aus dem Haus gegangen. Eben gerade. Sie könnten sich fast noch begegnet sein."

„Das sind wir wahrscheinlich", stöhnte Roswitha. „Im Parkhaus."

Wer bin ich? Und wie!

Eine Peinlichkeit kann ja mal passieren. Einmal. Man schämt sich, man lacht verlegen, entschuldigt sich – und dann ist es vorbei.

Die Tatsache aber, dass Konstantin und Meike den Hauskreis bei ihnen total vergessen hatten, erzeugte Peinlichkeiten in Serie. Alle fünf Minuten. Mit jedem Gast, der kam. Die Wohnung des Pfarrer-Ehepaares sah aus „wie Sau", dachte Wolf-Rüdiger beim Reinkommen. Schuhe, Schulranzen und Jacken der Kinder blockierten den Flur. Die sonst stets makellose Meike hatte fettige Haare, als sie überrascht „Hallo?" sagte, und überall roch es streng nach Gebratenem. Auf dem Sofa lag ein Boulevardblatt, die Horoskop-Seite war aufgeschlagen. Roswitha hörte von nebenan,

wie der sonst stets ruhige Pfarrer Konstantin
seinen Teenagersohn anbrüllte: „Was glaubst du
eigentlich, wer du bist?!" Dann rauschte er herein.
Hochrot, in Feinripp-Unterhemd und Jogginghose.
„Was … was macht ihr denn hier?"

„Heute ist Hauskreis", antworteten beide unisono.
„Bei uns??"
„Bei Euch, ja."

Es klingelte. Die nächsten Freunde standen
draußen.

Während Meike ins Bad flüchtete, Konstantin
eilfertig Gläser aus dem Schrank holte und
Wolf-Rüdiger immer nur „macht ja nix, macht
ja nix" sagte – hatten alle Gäste den gleichen
Gedanken: „So kannten wir die beiden gar nicht."

Roswitha wollte die Gastgeber mit einer eigenen
Peinlichkeit entlasten:

„Also ich spring noch schnell zu Aldi rein, Wolf-Rüdiger wartet im Auto direkt am Eingang, ich komme mit den Einkaufstüten wieder raus, bin völlig in Gedanken, setz mich auf den Beifahrersitz und zähle auf, was ich gekauft habe – da sitzt ein fremder Mann am Steuer! Ich war ins falsche Auto eingestiegen!" Die Runde wieherte vor Lachen.

„Kleinwagen sehen halt alle gleich aus", nickte Konstantin. „Wartende Männer vor Supermärkten auch", ergänzte Meike.

„Und was hat der Fremde gesagt?", wollten alle wissen. „Er grinste freundlich und fragte, was ich für ein Sternzeichen sei."

„Hä?" Der Hauskreis war verwirrt.

„Na ja, er sei auch manchmal so verschusselt, und da müssten wir doch beide im selben Monat geboren sein." Roswitha warf ihrem Mann einen schelmischen Blick zu: „Aber bevor er überlegte, ob wir zueinander passen, hab ich mich für die Verwechslung entschuldigt und bin wieder ausgestiegen."

Es entstand eine Pause. Pfarrer Konstantin nutzte die Gelegenheit, sein Wissen anzubringen: „Sternzeichen als Identitäts-Marker sind Unsinn. Sie wurden vor tausenden von Jahren terminlich festgelegt, von den Assyrern oder den Ägyptern oder wasweißich. Weil aber ein Jahr gar nicht exakt 365 mal 24 Stunden lang ist, steht heutzutage die Sonne, also nur mal als Beispiel, nicht etwa vom 23. September bis 23. Oktober im Zeichen der Waage, sondern vom 29. Oktober bis zum 20. November! Skorpion ist inzwischen Waage, Löwe ist Krebs, Zwilling ist Stier, Widder ist Fische etc. Wenn du dein Geburtsdatum und das Sternbild, in dem du angeblich geboren bist, mit den Eigenschaften identifizierst, die in den Horoskopen genannt werden" – Konstantin hob Augenbrauen und Stimme zu einem predigthaften Schlussakkord – „dann dürft ihr jetzt alle in eine gesegnete Identitätskrise stürzen!"

Frühlingsgrau

I ch will euch tragen, bis ihr grau werdet", hatte der Pastor die Treuezusage Gottes aus Jesaja 46, Vers 4 zitiert.

„Das sind wir schon. Fast alle", dachte Wolf-Rüdiger und schaute von der letzten Reihe aus über die Hinterköpfe der Gemeinde hinweg. Dunkelgrau, silber, hellgrau, weiß. Alles andere nur Farbtupfer. Nun gut, es gab auch umkränzte Glatzen. „Männer kriegen keine Kinder, Männer kriegen dünnes Haar", fiel ihm dabei ein. Eine Songzeile von Herbert Grönemeyer. Uralt, von 1984. Was Grönemeyer damals verschwieg: Männer altern ja nicht durch die Haare, die sie verlieren. Sondern durch die, die sie dazugewinnen. In der Nase und in den Ohrmuscheln zum Beispiel, dachte

Wolf-Rüdiger, wenn er nach rechts und links blickte. Aus dem vielköpfigen Grau hervorragen sah er nur ein paar pechschwarze Knoten. Nicht jene haarnetz-gehaltenen „Halleluja-Zwiebeln", die vor 50 Jahren das Kennzeichen wahrhafter Gottseligkeit frommer Frauen waren, sondern „Man-Buns". Zu buschigen Bällen gezwirbelte Knoten auf dem Scheitelpunkt junger Männer. Unterhalb dieses Schopfes hatten sie ihre Schädel meist kahlrasiert. Darunter wucherten geradezu alttestamentarische Vollbärte.

„Vor einem grauen Haupt sollst du aufstehen", deklamierte der Pastor jetzt aus 3. Mose 19, Vers 32, aber die jungen blonden Mütter mit ihren Babys auf dem Schoß blieben sitzen und die Grauköpfe standen auf. Zum Lobpreis. „‚Ich hab Ehrfurcht vor schneeweißen Haaren, sie verschönern der Mutter Gesicht' – das könnten wir doch mal singen!", dachte Wolf-Rüdiger. Von Camillo Felgen. Noch urälter, 1961. Apropos Mutter – wo saß Roswitha eigentlich?

Sie waren an diesem Sonntag getrennt zum Gottesdienst angereist: Roswitha hatte nach dem samstäglichen Enkelhüten bei den entfernt wohnenden Kindern übernachtet, und Wolf-Rüdiger, weil ohne Auto, war zu Fuß in die Gemeinde spaziert. Deshalb entdeckte er die zu spät Gekommene erst jetzt. Von hinten. Oder war das gar nicht Roswitha? Er blinzelte, fokussierte, setzte die Lesebrille auf und ab – doch, das war seine Frau. Mit kurzen Haaren im Nacken, langen Haaren an den Schläfen, mittellangem Pony im Gesicht und dunkelviolett-weinroten Strähnen zwischendrin.

„Guten Morgen, mein Schatz, gefällt es dir?", begrüßte sie ihn beim Kaffeetrinken im Foyer. „Unsere Schwiegertochter hat mir dazu Mut gemacht. Die Tönung heißt, äh, die heißt …" Ihr fiel nicht mehr ein, was der nette Coiffeur im Salon „Jennifhair" gestern gesagt hatte.

„Postklimakterielles Aubergine", dachte Wolf-Rüdiger, schwieg aber.

„Morgenröte vielleicht?", warf eine Bekannte ein.

„Besser als Morgengrauen", brummte Wolf-Rüdiger.
Roswitha hielt das für ein Kompliment. „Oder ist
auch Aubergine schon wieder out und Grau ist
im Kommen?" Der Pastor stellte sich zu ihnen
und war offensichtlich noch ganz von seinem
heutigen Predigtthema gefangen. „Ich meine,
Robert Lewandowski vom FC Bayern München
wird dieses Jahr 30 und sieht aus, als hätte er die
Aschewolke eines Vulkanausbruchs abgekriegt.
Und solche Topstars wissen doch, was chic ist,
oder?"

Selbstfürsorge an Karfreitag

U nd was machen wir Ostern?"

Es war noch früh im Jahr, aber schon zu spät für diese Frage. Meinte Wolf-Rüdiger. Bereits am zweiten Weihnachtsfeiertag des Vorjahres hatten sie den Sommerurlaub geplant. Runde Geburtstage stehen schon ein Jahr vorher im Kalender. Nur Ostern ... „Ostern halten wir mal offen für Spontanes", sagte Roswitha Ende Februar immer.

„Lass uns doch in dieses ... äh ... das von Bach gehen, das berühmte Konzert, na, wie heißt es gleich?"

Wolf-Rüdiger suchte das Wort „Matthäuspassion". Er wollte Ostern nirgendwohin wegfahren, sondern zu Hause Hochkultur genießen. Was beim Ticketkauf schwierig werden kann: Dass in der Johanneskirche die Matthäus-Passion und in der Matthäus-Kirche die Johannes-Passion aufgeführt wird, verwechselt man ja leicht. Ein trauerndes „Requiem" gibt es von Mozart, von Verdi und von Brahms. In TV-Quizsendungen wurde schon Paganini für eine Nudelsorte, Puccini für zwei Tassen Kaffee und Pavarotti für eine Schokolade gehalten.

Roswithas Zögern bei der Osterverplanung lag natürlich auch an der Ehrfurcht vor dem Sterbetag Christi. Es soll Jahrhunderte gegeben haben, da schwieg, fastete und betete die Bevölkerung in kollektiver Trauer, war bestürzt und zerknirscht über ihre Sünden. Den ganzen Tag lang. Noch bis 1966 sendete der Hessische Rundfunk am Karfreitag um 15.00 Uhr fünfzehn Minuten Stille. Zur Sterbestunde Jesu. Fünfzehn Minuten!!

„Im Programmkino läuft Mel Gibsons Passion Christi", schlug Wolf-Rüdiger vor. „Ekelhaft. Zu grausam", schnaubte Roswitha.

„Lieber in einen Klamaukfilm mit Bully Herbig oder Otto Waalkes?", fragte Wolf-Rüdiger schnippisch.
„Nein, natürlich nicht! Keine Comedy an Karfreitag."

Ihre Selbstfürsorge für die Osterfeiertage entwickelte sich zum Dilemma.
„Ich hab's!" Roswitha legte den Stapel Hochglanzhefte voller Lammbraten- und Backrezepte, Tischdeko-Tipps und Blumenfotos beiseite. „Wir gehen mit Meiers wandern!"

Meiers hatten voriges Jahr ihre Badezimmerflie- sen in der neuen Wohnung am Karfreitag verlegt. Wolf-Rüdiger und Roswitha sollten ihnen dabei helfen, hatten aber abgelehnt. Wegen der Ehrfurcht und so.

Gründonnerstag war der Himmel frühlingsblau, die Sonne strahlte, der Wind blies lau. Karfreitag war's saukalt, es stürmte, schneite und regnete. So gingen Meiers mit in die Kirche. Mit Wanderschuhen und Rucksack.

Es wurde eine wunderbar meditative Passionsandacht. Zu Hause guckten sie im Fernsehen um 13.00 Uhr „König der Könige" mit Jeffrey Hunter als Jesus. Um 16.00 Uhr „Ben Hur" mit Charlton Heston. Nach den heute-Nachrichten um 19.00 Uhr „Quo Vadis" mit Deborah Kerr und Peter Ustinov.

Wolf-Rüdiger hatte, mehr so aus Spaß, ein paar Schokoladen-Hasen im Wohnzimmer versteckt. Leider auch zwei hinter den Heizkörpern …

Fasten? Na ja, nicht ganz. Der Fahrer vom Chinesen brachte „geblatenen Leis und vegetalische Gelicht" in Alufolie vorbei. Er spürt wohl, dass dieser Tag ein spiritueller Höhepunkt für gläubige Deutsche ist. Jedenfalls betonte er mehrmals, das Menü sei die Fastenspeise der Buddhisten.

Wolf-Rüdiger hätte gerne noch „Jesus von Nazareth" gesehen, den von Zefirelli. Eigentlich ja nur wegen der tollen Anne Bancroft als Maria Magdalena. Da waren Roswitha und die Meiers allerdings schon eingeschlafen.

Ganz fürsorglich deckte er jeden der Schlafenden mit einer Decke zu.

Anders, als es scheint

S o gehe ich mit dir nicht in den Gottesdienst!"

Es musste zwanzig oder mehr Jahre her sein,
dass Wolf-Rüdiger so was gesagt hatte. Und so
energisch. Damals, als seine pubertierenden Söhne
provozierende T-Shirts trugen, mit zweideutigen
Sprüchen drauf.

Jetzt fand Roswitha offenbar nichts dabei, in die
Kirche zu gehen mit … mit diesem … nun ja, man
sah es halt.

Gestern Abend auf einer Geburtstagsfeier hatten
ihre Freunde spontan einen Wiener Walzer
hingelegt. Roswitha, am Rand der Tanzfläche nur
zuschauend und etwas kleiner als der Walzerkönig,

hatte dessen angewinkelten Ellenbogen ins Gesicht bekommen. Versehentlich. Ein leichter Stoß, ein Schubs, nichts Schlimmes. Aber weil im Alter ganz leichte Druckstellen ganz lange nachwirken, prangte heute Morgen ein dunkelblaues Hämatom zwischen Wangenknochen und Augenlid! Notdürftig zugeschminkt, aber immer noch unverkennbar: das Veilchen! Der Klassiker. Gewalt in der Ehe.

„Was sollen die Leute von mir denken!", schnaubte Wolf-Rüdiger. „Lass uns zu Hause bleiben."

„Ich hab aber Kaffeedienst", konterte Roswitha kühl. „Wenn du *nicht* mitkommst, denken sie sich erst recht was. Hatte unser Großer nicht mal ein T-Shirt mit dem Spruch ‚Ich war's nicht'? Kannste dir ja überziehen. Komm jetzt." Sie lachte und ging zur Garderobe.

Wolf-Rüdiger folgte ihr zum Auto. „Es ist meist anders, als es scheint", seufzte er. „Aber wer glaubt einem das." Als seine siebenjährige Nichte beim Krippenspiel sang, waren ihm die Tränen gekommen, obwohl er sich freute.

Als eine 87-jährige Freundin, jahrelang pflegebedürftig und schwer dement, endlich starb, hatte er auf der Beerdigung nicht weinen müssen, obwohl er trauerte.

Auf dem Gemeindeparkplatz angekommen, stand an der Tür – gebeugt und mit leidendem Gesichtsausdruck – eine alte Bekannte. Stets befürchtete sie allerlei Krankheiten und beantragte zahlreiche Kuren, obwohl sie vermutlich kerngesund war. Im Foyer kam ein sportlich schlanker Freund auf sie zu, der hyperaktiv ein halbes Dutzend Ehrenämter ausübte. Wolf-Rüdiger wusste aber, dass er radioaktive Stäbchen im Unterleib hatte gegen seinen Prostatakrebs.

„Guten Morgen! Und, wie sieht's aus?" Schwungvoll gab er Roswitha die Hand. Sein Begrüßungslächeln erstarrte zu erschrockenem Staunen.

„Besser als es aussieht", antwortete Roswitha schlagfertig. „Mein Mann hat …" – grinsend kostete sie die kurze Pause aus – „nichts damit zu tun."

„Ich schlage bei uns nicht mal die Sahne", beteuerte Wolf-Rüdiger.

Bis die Herkunft des Veilchens geklärt war, hatte sich die hypochondrische Dame vom Eingang dazugesellt. „1. Thessalonicher 5, Vers 22", sagte sie unvermittelt. „Meidet allen bösen Anschein!"

„Das passt ja wie die Faust aufs Auge", dachte Roswitha.

Rettet das Mittelmaß!

Als Wolf-Rüdiger von der Arbeit nach Hause kam, staunte er: Kein Abendbrot auf dem Tisch, kein Begrüßungsküsschen, sondern Roswitha vor dem Fernseher. Es lief eine Koch-Show. Aufmerksam nach vorn gebeugt hielt sie einen Schreibblock in der linken und einen Kuli in der rechten Hand. Vor ihr auf dem Wohnzimmertisch stapelten sich aufgeschlagene Kochbücher.

„N'abend, Schatz. Was ist?"

„Psst! Guck mal: Der brät das marmorierte Filet vom Kobe-Rind nur drei Minuten von jeder Seite, würzt es hinterher mit Meersalz und Chiliflocken, reduziert währenddessen das Jus …"

„Hä ?"

Wolf-Rüdiger ging zum Kühlschrank. Leberwurst
in der Blechdose, plastik-eingeschweißter
Kochschinken, Würstchen im Glas. Der bayerische
Obazda, eine Art Streichkäse, roch verschimmelt.
Ganz ruhig bleiben, ermahnte er sich.

Wer Koch-Shows guckt, bis die Läden schließen,
muss halt essen, was übrig ist.

„Freitagabend kommen Müllers. Da will ich …",
rief Roswitha herüber.

Der Rest ihres Satzes ging im lauten Gelächter der
zwei Fernsehköche unter. Wolf-Rüdiger am Herd
schüttete eine Tütensuppe in kochendes Wasser.

Als er sich zu ihr setzte, schaltete Roswitha den
Fernseher aus und fragte, ob wir – sie sagte „wir" –
die lieben Müllers mit Orechiette in Steinpilzsauce
und gehobelten Trüffelspänen oder doch lieber
mit Tiger-Prawns in einer Kokos-Curry-Suppe,

thailändisch, überraschen sollten. Zur Vorspeise
könne es ja Fenchelsalat an Orangen-Sud mit
gerösteten Mandeln oder eine Antipasti-Platte mit
Oliven-Ciabatta und einer alkoholfreien Virgin-
Pinacolada als Aperitif geben. „Was meinst du?"

„Hm", brummte Wolf-Rüdiger.

Was er wirklich meinte, behielt er lieber für sich.
Selig sind die Friedensstifter, dachte er. Laut sagte
er nur: „Früher haben wir gefragt, was Müllers
mögen, und dann den Pizzaservice bestellt."
Roswitha verdrehte die Augen. „Oder wir haben
ein Glas Tomatensauce über die Miracoli gekippt.
Ging schnell, war billig, schmeckte allen."

„Wir sind keine Azubis mehr, mein Bester, und
Müllers keine Studenten. Kochen und Essen ist
heutzutage …"

„… ein Statussymbol, eine versnobte Angeberei,
eine Wissenschaft, eine Ersatzreligion, ein
aufgeblasener Popanz, um Eindruck zu schinden!"

Jetzt war Wolf-Rüdiger doch geplatzt. Gegen seine Absicht. An Hals und Schläfe traten Adern hervor, er redete lauter als nötig: „Und was war das Schöne an solchen Essen? Die Gespräche! Die Stimmung! Die Gemeinschaft! Ob Dr. Oetker oder Knorr oder Dosen-Ravioli, war egal. Wir haben dafür mehr gelacht und gestaunt und anregende Gedanken ausgetauscht."

Roswitha schmollte. Klappte drei, vier Kochbücher zusammen – heftiger als nötig – und stand auf. „Und was schlägt der Herr Neandertaler dann für Freitagabend vor? Pommesbude am Stadtrand vielleicht?"

Jetzt verdrehte er die Augen. Schnitzel mit Spätzle, dachte Wolf-Rüdiger. Oder Frikadellen und Kartoffelsalat. Und hinterher Obstsalat. Oder Eis. Irgendwas Mittelmäßiges halt. Irgendwas Nettes. Weder überkandidelt noch lieblos, bürgerliche Mitte bitte.

„Filet vom Kobe-Rind kostet 45,– € pro 100 Gramm!", fiel ihm noch ein. Aber da hatte Roswitha schon die Koch-Show wieder eingeschaltet.

Text oder Textilien?

I rgendwie waren sie heute Morgen in gereizter
Stimmung zum Gottesdienst gefahren. Ohne
viel zu reden. Abschätzige Blicke und genervte
Seufzer hatten genügt, um dicke Luft zu erzeugen.
Lag es an ihr? Lag es an ihm?

Als Roswitha frisch geföhnt, in einem
cremefarbenen Kostüm mit raffiniert lässig
drapiertem Halstuch, in schwarzen Nylons
auf halbhohen Pumps die Treppe herunterge-
stöckelt kam – da war sich Wolf-Rüdiger neben
so viel Eleganz wie ein Depp vorgekommen. In
ausgelatschten Sandalen, zerbeulter Cordhose,
Baumwollhemd mit großen Karos und Strickjacke
überm Arm. „Die Leute werden denken, Königin
Silvia von Schweden geht mit Horst Schlämmer

zur Kirche!", dachte er. Aber zum Umziehen war es zu spät.

Jetzt saßen sie in ihrer sonntagsüblichen Stuhlreihe und sangen „Nun lob, mein Seel, den Herren", einen Choral von 1530. Der Pastor stand vorne in einem edlen dreiteiligen Maßanzug mit Einstecktuch, nachtblau mit violetten Nadelstreifen, und schmetterte: „Er kennt das arm' Gemächte / und weiß, wir sind nur Staub / ein bald verwelkt' Geschlechte / ein Blum' und fallend' Laub!"

„Weißt du, was man im Fernsehen eine Text-Bild-Schere nennt?", flüsterte Wolf-Rüdiger zu seiner Frau hinüber.

„Was soll das denn jetzt!", fauchte sie zurück.

„Wenn das Bild dem darunterliegenden Text widerspricht", fuhr ihr Mann unbeirrt fort. „Wenn man also was anderes *sieht* als das, was man dazu *hört*."

Roswitha schüttelte den Kopf. Aber der todschicke Pastor sah wirklich nicht aus wie Staub, Armut und verwelkendes Herbstlaub. Er kündigte gerade das neue Lobpreis-Duo an. Zwei „junge Leute, deren Herz für die Anbetung des Königs schlägt, von weither angereist, herzlich willkommen!" Freundlicher Applaus brandete auf.

Eine Frau in Flipflops und Trainingshose aus grauer Ballonseide, darüber ein grell pinkfarbenes T-Shirt, griff zur Gitarre. Beim Umhängen des Instruments verwuschelte der Tragegurt ihre, na ja, wie sollte man sagen, eine „Frisur" war das auch vorher nicht gewesen. Der junge Mann in olivgrün scheckiger Baggyhose setzte sich ans Klavier. Sein Kapuzensweatshirt hatte die beigen Tarnfarben von US-Soldaten im Irak.

„Haben die im Auto übernachtet?", grummelte Wolf-Rüdiger.

Aber da hoben die beiden Lobpreisleiter schon die Arme. Roswitha beugte sich vor und kniff die Augen zusammen. Rund um die Schwitzflecken der Achselhöhlen sah sie weiße Salzränder.

„Lassen Sie uns den Thronsaal Gottes betreten mit unserem ersten Lied: Majestät, herrliche Majestät!", sagte die Frau in feierlichem Ton.

„Ich weiß, was du meinst, Schatz", nickte Roswitha. Und plötzlich war die Stimmung zwischen ihnen wieder ganz entspannt.

Den Eventcoach verstehen

D ie Katholiken machen Mai-Andachten, Wallfahrten an Himmelfahrt, Prozessionen an Fronleichnam. Und wir? Machen nix!"

Der freikirchlich evangelische Pastor hatte Wolf-Rüdiger energisch darum gebeten, ein „modern missionarisches" Gemeindefest anzukurbeln, ein „Event, das die Sprache der Jugend spricht." Im Frühling, im Freien, mit Würstchen.

„Angekurbelt", entgegnete Wolf-Rüdiger, „werden Autos schon seit hundert Jahren nicht mehr. Sehr alte Sprache." „Würstchen heißen heutzutage Fingerfood", ergänzte Roswitha. „Bieten Sie Bagels an und hippe Happen."

Ihr Pastor nickte. „Eben, eben. Deshalb brauchen wir ja einen Coach!" Er reichte den beiden eine Visitenkarte. „Creative Event Manager" stand da. Roswitha stutzte. „Ihr Schwiegersohn?" „Ja", antwortete der Pastor, „er ist erst 24, aber schon ganz weit oben in seiner Branche." Die erste Planungssitzung fürs Gemeindefest war mit ihm schon vereinbart.

„Pushen Sie Ihren unique selling point, schöpfen Sie Eroberungspotenziale in neuen Kundenfeldern ab, featuren Sie Ihren Nutzwert! Der Mainstream für Religiöses sind Premium-User", sprach der junge Mann. Wolf-Rüdiger verstand nur Bratwurst.

„Was wäre denn", fragte der Gemeindefest-Planer, „eine zielführende emotiv gestaltete Visualisierung Ihrer Message? Was ist Ihr Logo?"

„Das Kreuz", dachte Roswitha, sagte aber vorsichtshalber „Fisch!"

Der Eventmanager guckte irritiert. „Rollmops oder Lachs ?"

„Nee, Ichthys. Was sich Evangelikale hinten aufs Auto kleben."

„Und was heißt das?"

„Fisch", wiederholte Roswitha.

„Herr!", korrigierte Wolf-Rüdiger, „Jesus Christus, Sohn Gottes, ist der Herr!"

Es entstand eine kurze Pause der Ratlosigkeit. Er kenne einen Clown, fiel dem jungen Mann ein, der könne bunte Luftballons in Delphine und Wale verformen. „Jona!", unterbrach ihn der Pastor, „ich halte eine Mai-Andacht über Jona". „Geil! Sehr, sehr geil", nickte sein Schwiegersohn.

Roswitha errötete etwas. „Er meint's nicht so", beschwichtigte Wolf-Rüdiger.

„Oder ich predige über Petri Fischzug", rief der Pastor.

„Petri? Gab's zwei Petrusse?" Wieder schien der Eventcoach verunsichert.

Wolf-Rüdiger hätte ihm gern den Unterschied zwischen einem lateinischen Mehrzahl-i und einem besitzanzeigenden Genitiv-i erklärt, kam aber nicht zu Wort. „So eine Textmessage open air vor Kunden mit Krabbenhappen", redete der Jungunternehmer weiter, „muss natürlich spontan, muss aus dem Stegreif kommen."

„Der Stegreif", belehrte ihn Wolf-Rüdiger bemüht souverän, „ist nicht, was man sich im Stehen greift, sondern es ist der metallene Reif über dem Steg der Fußhalterung eines Reiters. Aus dem Stegreif ist das, was man im Vorbeireiten sagt, ohne abzusteigen, verstehen Sie?"

„Vom hohen Ross herunter, meinen Sie?"

„Ja."

„Dann missverstehen wir uns", entschuldigte sich
der smarte Junge.

„Das glaube ich auch", brummte Wolf-Rüdiger.

Das Beraterhonorar war höher als jedes
Frühlingsfest einer kleinen Freikirche, weshalb es
letztendlich dann eine Predigt über fünf Brote und
zwei Fische gab, Blechkuchen vom Frauenkreis
und abends – Würstchen.

Feiertags-Los

E s scheint ein Naturgesetz zu sein", sagte Roswitha, als sie entdeckte, dass der Parkplatz des Ausflugslokals voll besetzt war, „dass an Pfingsten die Kirchen leer, aber die Biergärten voll sind." Der befahrbare Streifen zwischen den Autos endete als Sackgasse an einem Bauzaun. Sie musste zurücksetzen und rückwärts wieder rausfahren. „Da kommt nichts mehr", brummte Wolf-Rüdiger und meinte sowohl die erhoffte freie Parkbucht als auch die kirchlichen Fest- und Feiertage ab jetzt. „Doch, da kommen viele!", antwortete Roswitha, als sie sich zum Rückfenster umdrehte. Hinter ihr stauten sich zwei, drei dicht aufgefahrene Autos. Einer hupte schon ungeduldig. „Zurück, ihr Deppen!" rief sie, ließ das Seitenfenster herunter und winkte mit dem linken Arm.

„Nur für uns kommt ab Pfingsten nichts mehr",
nahm sie Wolf-Rüdigers Gedanken der kirchlichen
Festtage auf. „Für Katholiken gibt's Peter und
Paul im Juni, Mariä Himmelfahrt im August …."
„Aber nicht als staatlichen Feiertag", wandte ihr
Mann ein.

„Den kriegen die Norddeutschen von uns
Evangelischen am Reformationsfest geschenkt,
am 31. Oktober", konterte sie.

Da, endlich! Auf einer verlassenen Tankstelle
am Dorfrand fand sich ein Parkplatz. „Und
warum wollten die katholischen Bundesländer
den gar nicht haben?", fragte Wolf-Rüdiger beim
Aussteigen. Der Weg zurück zum Lokal ging leicht
bergan. „Den evangelischen Buß- und Bettag im
November hat der katholische Helmut Kohl 1994
abgeschafft", schnaufte Roswitha im Gehen, „um
die Pflegeversicherung zu finanzieren." Das war
zwar keine Antwort auf die Frage ihres Mannes,
aber immerhin.

Es dauerte, bis im erwartungsgemäß vollbesetzten Gartenrestaurant ein Tisch frei wurde. Weit ab der Theke, im Schatten einer alten Linde, an einer zugigen Ecke, wie Wolf-Rüdiger feststellte. Zwischen Innenraum und Außenbereich hatte ein Witzbold in dicken Lettern „Seehofers Ober-Grenze" auf die Schiefertafel gemalt.

„Aber den theologisch völlig unwichtigen Pfingstmontag, den haben sie als Feiertag behalten!" Wolf-Rüdiger winkte zum dritten Mal energisch Richtung Innenraum. Ein Windstoß wehte einen Schauer Baumblüten auf ihren Tisch. Statt eines Kellners kam der Chef persönlich. „Lindenblüten-tee?", grinste er, wischte die Tischfläche frei und nahm ihre Bestellung auf. Ein Hefeweizen, einen Capuccino bitte.

Roswitha sah sich um. Fast alles alte Leute. „Wer noch nicht pflegebedürftig ist, macht zu Pfingsten Busreisen, geht wandern und haut hier seine Rente auf den Kopf", bemerkte sie. „Das bringt Umsatz- und Gewerbesteuer von allen. Mehr jedenfalls, als wenn wir Protestanten im Oktober Martin Luther verehren oder im November büßen und beten."

Der Restaurantchef brachte die Getränke. „Sieht nach Regen aus", sagte er und schaute in eine unbestimmte Ferne. Roswitha nippte an der geschäumten Milch mit Zimtherzchen obendrauf. „Schmeckt aber wie Capuccino", entgegnete sie. Der Ober-Ober lachte. „Entschuldigen Sie, dass Sie so lange warten mussten, aber meine fixen Serviererinnen und Kellner sind alle nicht da."

„Sommergrippe?", fragte Wolf-Rüdiger. „Nee, Ramadan. Noch drei Wochen. Und erstmal kein großes Fußball-Turnier in Sicht." Er seufzte schwer.

„Manche Leute", sinnierte Roswitha beim Rückweg zum Auto, „haben einen ganz anderen Feiertags-Kalender als wir!"

Korrekt kompliziert formuliert

„Die Perikopen für die Sonntage nach
Trinitatis …"

Wolf-Rüdiger las laut vor, was der Pastor gemailt
hatte. Damit Roswitha es in den Drucksatz der
Gemeindenachrichten tippte. Seit neuestem
beherrschte sie nämlich ein Layout-Programm, mit
dem man fertige Druckvorlagen herstellen konnte.
Also „man" nicht, ihr Mann jedenfalls nicht. Aber
sie, Roswitha, die Gemeindebrief-Gestalterin,
konnte es.

„Wer sind die Perikopen? Seid ihr das?"
Wolf-Rüdiger dachte an die ehrenamtlichen
Mitarbeiterinnen des Kindergottesdienstes.

„Keine Frauen. So heißen Texte. Wörtlich ‚das ringsum Behauene'. Meint aber denjenigen Abschnitt aus der Bibel, der an bestimmten Sonntagen als Predigttext dran ist."

„Und wann war Trinitatis? Hab ich gar nicht gemerkt."

„So hieß der erste Sonntag nach Pfingsten im Kirchenjahr." Roswitha war ein bisschen stolz, dass sie das wusste.

Trinitatis, dachte Wolf-Rüdiger, klingt wie eine Mischung aus Trisomie und Tinnitus. „Ich hatte seit Sonntag Trinitatus", würde er dann sagen.

Das „Blättchen", wie die Kirchgänger es liebevoll nannten und lieber gedruckt in Händen hielten als per Rundmail-Anhang herbeiklickten, das Blättchen also sollte in seriösem Stil, aber ohne fromme Insidersprache formuliert sein. Sollte leichte Lesbarkeit trotz sprachlicher Korrektheit gewährleisten.

„Der Predigttext im Gottesdienst unserer
Geflohenengemeinde steht im Matthäus-Evan-
gelium, Kapitel 19, 16 bis 25, Jesus und der reiche
Jüngling", las Wolf Rüdiger laut vor und verzog das
Gesicht. „Die Geflohenengemeinde? Ist das der
Seniorenkreis, wenn die Lobpreisband spielt?" Er
grinste. Roswitha verdrehte die Augen.

„Das sind die Perser, die sonntagabends unser Haus
nutzen. Die haben in den letzten zwei Jahren fast
zwanzig junge Christen aus dem Iran getauft! Das
Wort ‚Flüchtling' sei zu negativ, fanden unsere
Frauen von der Flüchtlingshilfe. Es klinge wie
Häftling oder Schädling, meinten sie."

Wolf-Rüdiger prustete los. „Aber der reiche
Jüngling bleibt der reiche Jüngling. Und der
Täufling? Der Säugling, der Schützling und der
Pfifferling? ‚Geflohenengemeinde'! Das klingt doch
wie Flohzirkus!"

„Liebling", fing Roswitha an, aber da musste
Wolf-Rüdiger noch mehr lachen: „Liebling,

draußen ist Frühling, sieh nur, der Schmetterling
fliegt um den Flüchtling ..."

Energisch klappte sie den Laptop zu.

„Man sagt ja auch nicht mehr Lehrling, sondern
Auszubildender!," rief sie und stand auf. „Eben!",
konterte Wolf Rüdiger, „was viel umständlicher
ist und früher einfach ‚Stift' hieß."

Roswitha fiel plötzlich ein Tippfehler ein. Sie
klappte das Notebook wieder auf: „Schreibt man
Entschleunigung mit t wie Ente oder mit d wie
Endspurt?", fragte sie unvermittelt.

„Entumständlichung des Predigtplans und der
korrekten Sprache wär mir lieber", brummte
Wolf-Rüdiger.

Und worauf verzichtet ihr so?

Eigentlich sollte es im Hauskreis um Paulus gehen. Genauer, um seine bewundernswerte Haltung, er könne „genießen und verzichten, Fülle haben und Mangel erdulden", wie er im Philipperbrief, Kapitel 4, Verse 12 und 13 schreibt, weil ihn weder Verzicht noch Völlerei stark mache, sondern allein Christus.

Schön und gut. Nur war der starke Sven halt nicht da. Also der stark gebaute Sven, der Hauskreisleiter von 110 Kilo, den man immer nach konkreten Konsequenzen fragen konnte. Er versorgte die bibellesende Runde meist mit Chips aus der Papptonne und leckeren Eisbomben aus der Tiefkühltruhe und wusste, kauend und schwer atmend, zu jedem Vers eine plausible Auslegung.

Ohne ihn konnte Roswitha heute freier als sonst eins ihrer Lieblingsthemen ansprechen: Abstinenz. „Alle fasten von irgendwas in den sieben Wochen vor Ostern. Aber wer fastet von Fett, jetzt, in der sommerlichen Grillsaison?!" Niemand. Betretenes Schweigen. „Steaks, Bratwurstschnecken, Schaschlik, süße Säfte und Pommes Rotweiß?" Einige schlugen die Augen nieder.

„Es geht dem Paulus doch darum, dass man aus Verzicht oder Genuss, Nichtessen oder Essen eben gerade keine Religion macht, Schatz!", kritisierte Wolf-Rüdiger seine Frau, aber da unterbrach ihn die Gastgeberin:

„Ich verzichte auf Shoppingtouren", warf sie ein. „Ich schleppe keine Einkaufstaschen durch die Sommerhitze."

Roswithas Mann Wolf-Rüdiger runzelte die Stirn. Vorhin, beim Treppensteigen in den zweiten Stock, waren alle Hauskreisleute über eine Lieferung Kaminholz, drei Säcke Grillkohle, einen Ballen

Katzenstreu und ein riesiges Paket Schuhe hinauf-
balanciert. Amazon, Zalando, DHL …

„Du lässt schleppen, meinst du?", fragte er. Es sollte
nicht vorwurfsvoll klingen.

„Wir verzichten dieses Jahr auf eine Flugreise.
Wegen der Ozonschicht", lobte sich Meike selbst,
„und weil mein Mann meinte, wir könnten auch zu
Hause Urlaub machen."

Wieder kamen Wolf-Rüdiger Zweifel. Er kannte
Meikes Mann als notorischen Workaholic und
fragte deshalb nach: „Hat er gesagt ‚wir können
auch zu Hause Urlaub machen' oder ‚wir können
auch im Urlaub zu Hause was machen'? Das ist ein
Unterschied …" Es sollte nicht spöttisch klingen.

„Ich weiß. Er will Keller und Dachboden
entrümpeln, den Garten umgestalten, neue
Matratzen kaufen, die Garagenauffahrt pflastern,
das Auto von innen putzen, so Sachen halt.
Mir ist das nur recht."

„Arbeits-Abstinenz sieht anders aus. Am Ende der Ferien bist du nicht erholt und am Ende des Jahres hast du nicht das Gefühl, im Urlaub gewesen zu sein!", prophezeite Roswitha. Es sollte nicht altklug klingen.

„Wir verzichten auf Arbeit. Im Büro!" Svens Frau, die berufstätige Gastgeberin, überraschte den Hauskreis mit einem wahren Witz: „Die Chefs sind im Urlaub, unser Abteilungsleiter kommt spät und in Flipflops, wir Bürofrauen werfen Dartpfeile in der Teeküche, probieren im Aufzug neue T-Shirts an oder schicken uns Baby- und Katzenfotos hin und her. Es ist geschäftlich eh nix los im Sommerloch."

Als Wolf-Rüdiger die Sprache wiedergefunden hatte, fiel ihm ein Zitat des US-Schriftstellers Mark Twain ein: „Diesen Sommer ist es viel zu heiß, um alles zu erledigen, wofür es letzten Winter viel zu kalt war."

Wer passt auf die Blumen auf?

Pünktlich die Wohnung verlassen ist für Kinder ein Problem. Wolf-Rüdigers Enkel hatte ihn schon oft zur Verzweiflung gebracht, wenn Mütze, Turnbeutel, Pausenbrot und Monatskarte unauffindbar blieben, bis der Schulbus endgültig weg war. „Für uns alte Leute ist rechtzeitiges Loskommen auch ein Problem", dachte er jetzt. „Der Lebenskreis schließt sich irgendwie."

„Ich wär dann so weit!", rief er zum zweiten Mal ins Badezimmer hinauf.

„Glaub ich nicht", hörte er Roswitha zurückrufen. „Ich habe gerade deine Ersatzbrille, die Medikamente und das Sonnenöl gefunden."

Wolf-Rüdiger griff sich mit der rechten Hand an die Herzgegend. Aber nur, um das Vorhandensein von Geldbörse und Zugtickets in der Brusttasche zu kontrollieren. „Sind Kaffeemaschine, Mikrowelle, Herd, Bügeleisen und Laptop aus, alle Fenster zu und die Jalousien der Balkontür runtergelassen? Ich hab neulich gelesen …", Roswitha kam, perfekt in Wanderkluft gewandet, die Treppe herunter, „… dass in Todesanzeigen keine Adressen mehr genannt werden, weil sonst die Einbrecher wissen, wo während der Beerdigung niemand zu Hause ist!" Sie schnaufte etwas und stopfte zwei Wasserflaschen in ihren Rucksack. „Rumänische Einbrecher lesen keine Todesanzeigen", wollte Wolf-Rüdiger erwidern, sagte aber nur militärisch kurz: „Ja. Ja. Ja. Auch das, ja."

Es sollte in die Berge gehen. Jetzt, im Spätsommer, wenn Schulklassen und Familien mit nervigen Kindern die Hütten und Herbergen verlassen hatten und das graue Strickjackengeschwader die Lufthoheit über Österreich zurückerobern würde.

Roswitha wischte ein letztes Mal über die
Arbeitsplatte in der Küche.

„Die Wohnung zum Urlaubsbeginn tiptop
hinterlassen – dieses Gebot muss Mose am Sinai in
Stein gemeißelt haben", dachte Wolf-Rüdiger und
schob den Rollkoffer in den Flur. Roswitha prüfte
den Komposteimer, den abgetauten Kühlschrank,
die fest vertupperten Nahrungsmittel im
Vorratsschrank. „Wusstest du, dass Fliegenlarven
im Reis …"

„Komm jetzt endlich!", unterbrach Wolf-Rüdiger sie
barsch. „Wieso muss unsere Bude immer dann am
saubersten sein, wenn sie keiner sieht?!"

Draußen hupte das Taxi.

„Sie gehen wandern?" Der Fahrer war in
Plauderlaune. Roswitha auf dem Rücksitz
murmelte eine Checkliste vor sich hin. Es klang, als
würde sie halblaut beten. Der Taximann zwinkerte

Wolf-Rüdiger zu: „Berge von unten, Kirchen von außen, Kneipen von innen, was? Haha …"

„Die Blumen!! Die Blu-men!!", schrie es plötzlich von hinten. „Ich hab Frau Müller vergessen zu sagen, dass sie auch die Blumen oben gießen soll, auf dem Fensterbrett im Schlafzimmer!"

„Soll ich umkehren?", fragte der Fahrer.

„Nein!", entschied Wolf-Rüdiger in lautem Befehlston. Und leise nach hinten gewandt: „Ich glaube, oben hab ich das Fenster gekippt halboffen gelassen. Wenn's reinregnet, kriegen die Blumen auch so noch was ab."

Als ihr Zug schon bald durch frühherbstlich herrliche Täler glitt und eine Spur Urlaubs-vorfreude aufkommen wollte, fiel Roswitha etwas ein: „Der Taxifahrer weiß jetzt, wo ein Schlafzimmerfenster gekippt und halboffen ist …"

Aufmerksamkeits-Panne

Die Aufmerksamkeits-Spanne junger Leute wird auch immer kürzer", flüsterte Roswitha ihrem Mann ins Ohr.

Vor ihnen in der Stuhlreihe senkte sich der kahlrasierte Kopf-mit-Zopf eines Teenagers immer wieder hinunter. Ob ihm langweilig war? Wolf-Rüdiger vermutete, der arme Junge sei erschüttert. Wenn seine hängenden Schultern zuckten, konnte man sogar meinen, er weine. Immerhin sang der Gemeindechor gerade „Bleib bei uns, Herr, der Abend bricht herein", das tief berührende „Abide with me" von William Henry Monk, in der deutschen Fassung.

Da! Bei der Zeile „Es kommt die Nacht, die Finsternis fällt ein" senkte der junge Mann sein

Haupt besonders betroffen. „Wie unpassend!",
zischelte Roswitha. „Was jetzt", flüsterte
Wolf-Rüdiger zurück, „der Junge vor uns oder
das Lied?"

Die Gäste einer Goldenen Hochzeit haben die
breiteste Altersspanne, die eine Veranstaltung
haben kann: Das Jubelpaar und, soweit sie noch
leben, ihre Freunde sind Ende 70. Die Kinder,
soweit noch gesund, sind kurz vor 60. Die Enkel,
soweit sie es terminlich einrichten konnten,
Anfang 30. Und die Urenkel, soweit schon
vorhanden, sind unter 3.

Der Teenager vor ihnen stand auf und drehte sich
seitwärts. Jetzt sahen beide, dass er keineswegs
gramgebeugt, sondern höchst vergnügt in sein
Smartphone lächelte. Er ging einfach. Eine halbe
Stuhlreihe Zuhörer musste ihn durchlassen.

„Auf einer Goldenen so ein Beerdigungslied zu
singen – unmöglich!", ereiferte sich Roswitha. „Ein
englisches Abendlied", korrigierte Wolf-Rüdiger sie.

„Papa hat es sich gewünscht." Der Chor intonierte: „Wo fänd' ich Trost, wärst du, mein Gott, nicht hier".

Die Lücke, die der Smartphone-Vergnügte hinterlassen hatte, gab den Blick frei auf das seitlich zum Chor platzierte Goldhochzeitspaar. Wolf-Rüdigers Mutter tupfte sich Tränen aus den Augen. Die ihres Gatten waren geschlossen.

„Schwiegerpapa ist bei seinem Wunschlied eingeschlafen?!" Roswitha unterdrückte ein Kichern.

Aus dem Gemeindehaus-Foyer drang das Röcheln und Zischen einer Kaffeemaschine herein. Sehr störend. Während der zweiten Strophe schrie ein Kleinkind. Erst bei der dritten zerrte es seine Mutter durch den Mittelgang nach draußen. Die günstige Gelegenheit ergreifend, folgten ihr sofort weitere Kinder. Dies wiederum löste eine halblaut geführte Diskussion junger Frauen aus, wer von ihnen jetzt mit rausgehen müsse.

„Ich glau-be es ja nicht!", flüsterte Roswitha und deutete nach rechts: Der junge Mann war zurück. Mit Coffee-to-go in der Rechten und Smartphone in der Linken. Während der Chor „Hilf dem, der hilflos ist, Herr. Bleib bei mir" sang, bat er freundlich um erneuten Durchlass zu seinem Platz.

„Abide with me" klang aus. In die ehrfurchtsvolle Stille hinein wandte sich der Dirigent dem Jubelpaar zu. Wolf-Rüdigers Mutter knuffte ihren Mann in die Seite, der schlug die Augen auf, starrte den Dirigenten an und – klatschte!

Als einziger. Ganz allein. Klapp, klapp … klapp.

„Die Aufmerksamkeitsspanne sehr alter Leute wird auch immer kürzer", flüsterte Wolf-Rüdiger.

Vergessliche brauchen
Vertrauen

Peinlicher ging es nicht. Roswitha war knapp zehn Kilometer in einen benachbarten Kurort gefahren, um einer Bekannten in der psychosomatischen Reha-Klinik ein Ratgeberbuch vorbeizubringen. Liebevoll als Geschenk verpackt. Überstürzt und in Eile war sie losgehetzt, zugegeben. Das gelbe Warnlämpchen der Tankanzeige leuchtete auf, unvermutet, und irgendwo fand sie eine Tankstelle, führte hektisch die Zapfpistole ein, aber als die ersten 30 Liter geflossen waren, stellte sie es mit Schrecken fest: Ihre Handtasche lag zu Hause! Die Handtasche mit allem.

Geldbörse, Kreditkarten, Führerschein, Personalausweis, Smartphone – mit nichts konnte sie bezahlen oder sich ausweisen, als der tätowierte Muskelmann an der Kasse skeptisch die Augenbrauen hob. Typ Türsteher, dachte Roswitha ängstlich. „Hm. Können Sie … nun ja … Ihre Kinder anrufen?", fragte er.

Roswitha schluckte. Sah sie schon so alt aus, dass man gar nicht mehr mit einem noch lebenden Ehemann rechnete? „Die sind erwachsen und wohnen weit weg. Mein Mann ist …" Auswendig wusste Roswitha nur ihre heimische Festnetznummer. Aber da würde Wolf-Rüdiger jetzt nicht sein. Hinter ihr an der Kasse bildete sich eine Schlange. Wahrscheinlich hatte sie im ersten entschuldigenden Redeschwall ihr Fahrziel erwähnt, jedenfalls sprach der Kassierer jetzt laut in sein Handy „… ist unterwegs in die Klapse, hat aber weder Geld noch Papiere."

Roswitha meinte, er habe die Polizei angerufen, dabei wollte er nur von seinem Bezirks-Filialleiter wissen, wie man einen Fehlbetrag verbucht, um normal weiterzumachen. Die anderen Kunden wurden schließlich bereits unruhig.

„Würden Sie Ihr Auto von der Zapfsäule wegfahren bitte?!" rief einer von hinten. „Lassen Sie doch irgendwas Wertvolles als Pfand da", flüsterte eine junge Frau. Roswitha entdeckte ihr Gesicht in der Spiegelung der Glastür eines Tiefkühl-schranks. Es war so bluthochdruck-errötet, dass ihre zimtbraunen Ohrstecker eher aussahen wie Warzen am Ohrläppchen. Wertvoll waren die nicht. „Ich bin weiß Gott nicht abergläubisch, aber den Ehering zu verpfänden bringt Unglück", warnte sie eine weitere Kundin.

„Kennzeichen notieren, Fahrzeughalter ermitteln und gut ist!", bellte ein ungeduldiger Geschäftsmann und trat an den Tresen. Roswitha wich zur Seite. „Es … äh … es ist der Firmenwagen meines Mannes", musste sie zugeben.

Der bullige Glatzkopf hatte es geschafft, weiterhin zügig Zigaretten und Zeitungen zu verkaufen und dabei parallel die Reha-Klinik am Ort anzurufen. „Bei Ihnen nicht gemeldet? Hm hm, ja, blöd, aber danke trotzdem." Er kam hinter seiner Theke hervor. Roswitha spürte noch mehr Schweiß auf der Stirn.

„Ich mache Ihnen einen Vorschlag. Sie lassen den Wagen hier, da drüben ist eine Bushaltestelle, ich gebe Ihnen zwei Euro. Sie fahren jetzt heim, holen die Kohle und kommen wieder, ok?"

Zeitlich ist der Vormittag ohnehin gelaufen, dachte Roswitha, holte das Geschenkbuch vom Beifahrersitz, riss die Verpackung auf und gab es dem Tankstellenpächter. „Als kleines Dankeschön, als ... Pfand sozusagen, als Entschuldigung." Es war ein frommes Ratgeberbuch: „Vertrauen lernen".

Als Roswitha eine knappe Stunde später vor ihrem Haus stand, merkte sie:

Der Wohnungsschlüssel hing am Autoschlüssel.
Und der lag in der Tankstelle.

Wer schenkt wem
das Richtige?

Im November verändert sich Roswithas Verhalten. Zumindest nach dem Gottesdienst. In jener halben Stunde, die schlicht „Gemeinde-Kaffee" oder vornehm „Café im Foyer" oder noch vornehmer „Après Church" heißt.

Laut und lebhaft werden hier Predigten bewertet, Sorgen geteilt, Krankheitsdiagnosen vermutet, Erziehungstipps gegeben und Wahlergebnisse vorgekocht. Normalerweise. Rückt jedoch der Advent heran, findet Wolf-Rüdiger seine Frau immer häufiger ausschließlich mit Frauen im Gespräch. Und immer geht es um Geschenke!

„Will man den alten Eltern das Richtige schenken, sollte man jahrelang Listen geführt haben", hörte Wolf-Rüdiger auf dem Weg zur zweiten Tasse. „Senioren erinnern sich doch so furchtbar genau. Und sie heben alles auf!" Er blieb stehen und horchte. Roswitha sprach mit einer Freundin. „Zigarren und Rotwein bekam mein Schwiegervater schon letztes Jahr. Gartengeräte und Werkzeug hat er genug. Socken und Rasierwasser wären einfallslos. Was er wirklich braucht, sind Trombose-Strümpfe."

Die Damen kicherten. Wolf-Rüdiger ließ seine Tasse auffüllen und blieb in unauffälliger Hörweite.

„Gibt's eigentlich Apotheken-Gutscheine für Medikamente, die die Kasse nicht übernimmt?" Wieder verhaltenes Gelächter. Wolf-Rüdiger erinnerte sich. Oma hatte sich Weihnachten sehr gefreut über den Gutschein eines Wellness-Hotels. Aber von Januar bis März einmal pro Woche angerufen und gefragt, wer sie hinfährt, wer sie abholt und ob Koffer und Rollator wohl ins Auto passen …

Roswitha und ihre Freundin sprachen jetzt von Markenartikeln und Firmenlogos, Hals- und Bundgrößen unaussprechlicher Textilien, Farbnuancen, Materialbeschaffenheit und Preisen. Alles im Konjunktiv. Möchte, hätte, würde, könnte, gäbe, müsste …

Wolf-Rüdiger seufzte auf. Was kleine Kinder wünschen, ist leicht erfüllbar. Was man pubertierenden Teenagern schenkt, taucht im Januar bei eBay auf. Denn eigentlich brauchen sie nur Bargeld.

Was sich eine Ehefrau wünscht, sollte ihr Mann „seiner Liebsten das ganze Jahr über sensibel ablauschen", hatte Wolf-Rüdiger in einem Ehe-Ratgeberbuch gelesen. Und es brav befolgt: Als vorigen Sommer in Usedom die Luftmatratze kaputtging, schenkte er Roswitha zu Weihnachten eine neue!

Fand sie etwas unromantisch. Seltsam.

„Warum", mischte er sich jetzt abrupt in die Debatte der beiden Damen ein, „warum schenken Frauen auch jenen Leuten das Richtige, die sie nur flüchtig kennen, während Männer auch jenen das Falsche schenken, die sie von Herzen lieben?" Die beiden Freundinnen stutzten ratlos.

„Ich wünsche mir", Wolf-Rüdiger wurde beinah etwas laut, „dass meine Liebe zu all meinen Lieben nicht daran gemessen wird, ob ich ihnen das Richtige schenken kann!"

Aber nicht aus
Massenbaumhaltung!

S ie hatte diesen Verdacht zwar jedes Jahr, sprach
ihn aber nie aus. Dass in der Baumschule-
plus-Friedhofsgärtnerei-plus-Blumenladen, also
im größten Pflanzenversorger der Stadt, die
Grabgestecke vom Ewigkeitssonntag ratzfatz zu
Adventskränzen umdekoriert werden. Oder dass
man sie von vornherein schon parallel anfertigt!
Ob rote Grablichter oder rote Adventskerzen im
drapierten Dunkelgrün stehen – der Tannenzweig
an sich kann sowohl traurige Nachdenklichkeit als
auch kuschelige Vorfreude bedeuten.

„Und damit Sie noch die volle Auswahl haben,
sollten Sie parallel zum Adventskranz gleich den

Weihnachtsbaum mitkaufen", sagte die Verkäuferin und bat Roswitha auf den Betriebshof ihrer Firma. Ein militärisch aufgereihter Tannenwald. Ob sibirische Fichte, heimische Kiefer, ob Blau- oder Nordmanntanne – manche Bäumchen sahen als, als seien aus ihren Zweigen schon sehr viele Kränze gewunden worden, dachte sie skeptisch.

Ihre Freundin Susanne, die Heilpädagogin mit den vielen Filz-Handtaschen, lud ab Mitte November immer zu „Kranzsteck"-Samstagen ein. In ihre geräumige, aber saukalte Garage. „Ist jemand gestorben?", fragte Wolf-Rüdiger. „Nein, geboren. Jesus ist geboren. Wir feiern demnächst Advent und Weihnachten", schüttelte Roswitha den Kopf und packte einen Kranzrohling, Drahtrollen, Kneifzange und glitzernde Bänder ein. „Im Weihnachtsschmuck-Selberbasteln ist Susanne eine Konifere auf ihrem Gebiet!", rief sie im Hinausgehen.

„Muss es nicht ‚Koriphäe' heißen?", überlegte Wolf-Rüdiger.

Auf dem Fußboden ein Berg Tannenzweige, fast kniehoch. Die hätte sie selbst aus dem Wald geholt, betonte Susanne mehrmals, während sie den Hefezopf teilte. „Wie man ja überhaupt seinen Weihnachtsbaum selber im Wald schlagen sollte", sie wuchtete einen Topf Glühwein auf den Tapeziertisch. „Echt, manche Förster gestatten das. Ist ja auch pädagogisch wichtig für die Kinder, einen Bio-Baum zu haben, von dem sie wissen, woher er stammt. Nicht aus Massenbaumhaltung, nicht gedüngt und mit Fungiziden, Insektiziden und Rodentiziden bespritzt …" – Roswitha verstand nicht ganz, Susannes junge Nachbarin flüsterte „Rattengift!" –, „sondern der mit klingender Axt im betörenden Tannenduft des Waldes eigenhändig der Natur abgerungen …"

Aua! Ein Blumendrahtende hatte sich unter Roswithas Daumennagel gebohrt. Sie blutete und bat um eine Pause. Glühweinschlürfend ließ sie Gedanken vorüberziehen, die sie keinesfalls entgegnen wollte:

Nadelbäume duften, wenn in ihnen das Harz bis in die Zweigspitzen schießt. Das tut Harz nur, wenn die Rinde verletzt ist. So gesehen harzen nur traurige Bäume. Einmal abgehackt, verdursten und verdorren sie dann in stickigen Wohnzimmern.

„Es gibt einen Zusammenhang zwischen Ewigkeitssonntag und Weihnachten", sagte Roswitha plötzlich doch.

„Wenn man im Friedwald irrtümlich eine Tanne fällt, unter der jemand bestattet liegt, meinst du?", fragte Susanne kichernd.

„Nein, wenn man den Duft derTodesqual eines Baumes … ach, vergiss es", stoppte sie sich selbst. „Ich fürchte einfach, Wolf-Rüdiger bestellt dieses Jahr im Internet einen Spritzguss-Weihnachtsbaum zum Aufklappen. In Weiß, fertig kunstschneebesprüht."

Susannes junge Nachbarin staunte. „Das wäre dann ja voll vegan, ey!"

Das Beste liegt noch vor uns!

„Eine herausfordernde, bemerkenswerte Mischung aus Sachbuch und interessanten Erfahrungsberichten."

C. Dittrich, Leser

Unsere *„bessere (Lebens-)Hälfte"* – ist das wirklich immer die erste? Dieses Buch möchte Sie davon überzeugen, dass das, was noch kommt, mindestens genauso gut werden kann! Es ist eine Einladung, nicht mehr sorgenvoll auf die Jahre, sondern hoffnungsvoll auf die Möglichkeiten zu blicken, die sich auftun – auch und gerade in der zweiten Lebenshälfte. Die ermutigenden Erfahrungsberichte von unterschiedlichen Autorinnen und Autoren, unter anderem von Andreas Malessa, sind der beste Beweis. Ehrlich, lebensnah und mit einer Prise Humor erzählen sie von den Chancen und Herausforderungen des Älter-Werdens.

 Ellen Nieswiodek-Martin (Hg.) • Träume kennen kein Alter
Gebunden • 288 Seiten • ISBN 978-3-95734-467-0

© 2019 Gerth Medien GmbH, Dillerberg 1, 35614 Asslar

1. Auflage Juni 2019
2. Auflage September 2019
3. Auflage Dezember 2019
Bestell-Nr. 817586
ISBN 978-3-95734-586-8

Umschlaggestaltung: Joana Kielhorn
Umschlagillustration: Till Runkel · Tillustration
Satz: Vornehm Mediengestaltung, München
Druck und Verarbeitung: GGP Media GmbH
Printed in Germany

www.gerth.de